Tobias Scheidacker, Sascha Lambert

Schriftenreihe Berliner Seminare für Verwalter und

Band 11

Untermiete - Vermieter- und Mieterrechte in der täglichen Praxis, für Wohn- und Gewerberaum

GRIN - Verlag für akademische Texte

Der GRIN Verlag mit Sitz in München hat sich seit der Gründung im Jahr 1998 auf die
Veröffentlichung akademischer Texte spezialisiert.

Die Verlagswebseite www.grin.com ist für Studenten, Hochschullehrer und andere Akade-
miker die ideale Plattform, ihre Fachtexte, Studienarbeiten, Abschlussarbeiten oder Disser-
tationen einem breiten Publikum zu präsentieren.

Tobias Scheidacker, Sascha Lambert

Schriftenreihe Berliner Seminare für Verwalter und Vermieter

Band 11

# Untermiete - Vermieter- und Mieterrechte in der täglichen Praxis, für Wohn- und Gewerberaum

GRIN Verlag

Bibliografische Information der Deutschen Nationalbibliothek: Die Deutsche Bibliothek verzeichnet diese Publikation in der Deutschen Nationalbibliografie; detaillierte bibliografische Daten sind im Internet über http://dnb.d-nb.de/ abrufbar.


1. Auflage 2011
Copyright © 2011 GRIN Verlag
http://www.grin.com/
Druck und Bindung: Books on Demand GmbH, Norderstedt Germany
ISBN 978-3-640-91612-2

**Berliner Seminare für Verwalter und Vermieter:**

# Untermiete

Vermieter- und Mieterrechte in der täglichen Praxis

- für Wohn- und Gewerberaum -

# Impressum

Rechtsanwalt Tobias Scheidacker
Rechtsanwalt Dr. Sascha Lambert

Scheidacker Lambert Partnerschaftsgesellschaft von Rechtsanwälten
Welserstraße 10-12 | 10777 Berlin
**Tel** 030 - 200 51 40 51 | **Fax** 030 - 200 51 40 20
**email** kanzlei@slp-law.de | **Web** www.slp-law.de

# Gliederung:

# I. Einführung und Rechtsgrundlagen

Im Mietrecht des BGB wird die Untermiete in zwei Vorschriften explizit behandelt, den §§ 540 und 553 BGB.

### § 540 BGB. Gebrauchsüberlassung an Dritte

(1) Der Mieter ist ohne die Erlaubnis des Vermieters nicht berechtigt, den Gebrauch der Mietsache einem Dritten zu überlassen, insbesondere sie weiter zu vermieten. Verweigert der Vermieter die Erlaubnis, so kann der Mieter das Mietverhältnis außerordentlich mit der gesetzlichen Frist kündigen, sofern nicht in der Person des Dritten ein wichtiger Grund vorliegt.

(2) Überlässt der Mieter den Gebrauch einem Dritten, so hat er ein dem Dritten bei dem Gebrauch zur Last fallendes Verschulden zu vertreten, auch wenn der Vermieter die Erlaubnis zur Überlassung erteilt hat.

### § 553 BGB. Gestattung der Gebrauchsüberlassung an Dritte

(1) Entsteht für den Mieter nach Abschluss des Mietvertrags ein berechtigtes Interesse, einen Teil des Wohnraums einem Dritten zum Gebrauch zu überlassen, so kann er von dem Vermieter die Erlaubnis hierzu verlangen. Dies gilt nicht, wenn in der Person des Dritten ein wichtiger Grund vorliegt, der Wohnraum übermäßig belegt würde oder dem Vermieter die Überlassung aus sonstigen Gründen nicht zugemutet werden kann.

(2) Ist dem Vermieter die Überlassung nur bei einer angemessenen Erhöhung der Miete zuzumuten, so kann er die Erlaubnis davon abhängig machen, dass der Mieter sich mit einer solchen Erhöhung einverstanden erklärt.

(3) Eine zum Nachteil des Mieters abweichende Vereinbarung ist unwirksam.

Der Unterschied zwischen den beiden Vorschriften liegt in ihrem Anwendungsbereich: § 540 BGB gilt für alle Mietverhältnisse und betrifft die Weitergabe der Mietsache im ganzen, § 553 BGB gilt nur für Wohnraum und betrifft die Weitergabe von Teilen der Mietsache, also einzelnen Räumen und/oder Mietbenutzung anderer, nicht aber die vollständige Überlassung. § 540 BGB gilt ferner auch für Pachtverhältnisse, mit dem einzigen Unterschied, daß ein Pächter kein Sonderkündigungsrecht hat:

**§ 584a BGB. Ausschluss bestimmter mietrechtlicher Kündigungsrechte**
(1) Dem Pächter steht das in § 540 Abs. 1 bestimmte Kündigungsrecht nicht zu.
(2) Der Verpächter ist nicht berechtigt, das Pachtverhältnis nach § 580 zu kündigen.

Der wesentliche Grundgedanke der gesetzlichen Regelung fragt, welche Person den Mietgebrauch ausübt, weil sich danach Umfang und Art der Nutzung bestimmen. Dem Vermieter soll die grundsätzliche Entscheidung, wem er sein Eigentum anvertraut, überlassen bleiben. Der Mieter kann die Erlaubnis grundsätzlich nicht erzwingen. Wird die Erlaubnis verweigert, hat der Mieter ein Sonderkündigungsrecht, sofern nicht in der Person des potentiellen Untermieters ein wichtiger Grund vorliegt. Wird einem Dritten der Gebrauch ohne Erlaubnis des Vermieters überlassen, stellt das eine Vertragsverletzung dar, aus der Schadensersatzansprüche, Unterlassungs- und Kündigungsrechte folgen können. Einen Anspruch auf Herausgabe von Untermietzins haben Sie dagegen nach der Rechtsprechung des BGH nicht ohne weiteres, sondern nur in bestimmten Ausnahmefällen bezogen auf den vom Mieter erzielten Mehrerlös.

BGH XII ZR 194/93 vom 13.12.1995
**Bei unberechtigter Untervermietung hat der Vermieter keinen gesetzlichen Anspruch auf Zahlung eines Untermietzuschlages oder Herausgabe des von dem Mieter durch die Untervermietung erzielten Mehrerlöses.**

BGH XII ZR 76/08 vom 12.08.2009
**Nach Rechtshängigkeit des Rückgabeanspruchs schuldet der Mieter im Rahmen der Herausgabe von Nutzungen nach §§ 546 Abs. 1, 292 Abs. 2, 987 Abs. 1, 99 Abs. 3 BGB auch die Auskehr eines durch Untervermietung erzielten Mehrerlöses. Dazu gehört auch eine "Entschädigung", die der Mieter von dem Untermieter als Abfindung für eine vorzeitige Beendigung des Untermietverhältnisses erhalten hat.**

Von den vorstehenden Regeln weicht das Gesetz bei Wohnraum etwas ab, weil es die Schutzbedürftigkeit des Wohnraummieters höher wertet als bei Gewerbe oder Pacht. Daher soll der Mieter unter bestimmten Umständen eine Erlaubnis verlangen können, soweit es einen Teil der Mietsache betrifft.

## II. Regeln für alle Mietverhältnisse und Pacht

### 1. Gebrauchsüberlassung

*a) allgemein*

§ 540 BGB spricht primär nicht von „Untermiete", sondern von „Gebrauchsüber-lassung". Es ist daher unerheblich, ob der Mieter für die Weitergabe der Sache Geld erhält, sie verleiht oder überhaupt dem Dritten ein eigenes Besitzrecht einräumt. Auch solche Personen sind Dritte, die lediglich zur Mitbenutzung berechtigt sein sollen, ohne daß der Mieter auf seine eigene Gebrauchsmöglichkeit verzichtet oder sie einschränkt.

Umgekehrt können bestimmte Personenkreise nicht hierunter subsumiert werden, so die Angestellten im Laden, die natürlich nicht selbst Mieter sind, aber deren sich der Mieter bedient, um die Mietsache im Rahmen der vertraglichen Zweckvereinbarung zu nutzen, ferner zum Haushalt gehörende Angestellte (z.B. Au-Pair-Mädchen), engste Familienangehörige, Pflegepersonal oder Besucher.

Zur Abgrenzung kann die Gebrauchsüberlassung an Dritte definiert werden als

„tatsächliche Einräumung des ganzen Mitbesitzes oder eines Teils zum selbständigen, auf gewisse Dauer angelegten Alleingebrauchs sowie selbständigen oder unselbständigen Mitgebrauchs".

Zwischen dem Vermieter und dem Untermieter kommen keine vertraglichen Beziehungen zustande, d.h. die Rechte des Untermieters leiten sich allein aus der Rechtsstellung des Mieters ab; dieser kann weitergehende Rechte, als er selbst hat, nicht einräumen. Tut er das doch, kann der Eigentümer ausnahmsweise direkt gegen den Untermieter vorgehen und Unterlassung verlangen. Die Erlaubnis des Vermieters ist keine Bedingung für die Wirksamkeit des Untermietvertrags - ein ohne Erlaubnis oder sogar gegen den erklärten Willen des Vermieters abgeschlossener Untermietvertrag ist im Verhältnis zwischen Mieter und Untermieter gleichwohl verbindlich. Endet das Mietverhältnis, ist der Untermieter ebenso wie der Mieter zur

Herausgabe verpflichtet, was gegenüber dem Vermieter allerdings nicht aus einem Vertrag folgt, sondern aus dem Recht, sein Eigentum selbst zu nutzen, wenn man es nicht vertraglich anderen überlassen hat, §§ 985, 1004 BGB.

*b) Besonderheiten im gewerblichen Bereich*

Bei der Vermietung an GbRs, OHGs, KGs, GmbHs etc. kommen gelegentlich Klauseln vor, nach denen die Aufnahme und/oder der Wechsel von Gesellschaftern sowie der Gesellschaftsform als erlaubnispflichtige Untervermietung gelten soll; in der juristischen Literatur werden entsprechende Formularklauseln für wirksam gehalten.

Für den Mieter ist das nicht ganz unproblematisch, weil sämtliche Änderungen auf Unternehmensebene (Änderungen im Gesellschafterbestand, Verschmelzungen, Unternehmensverkäufe) hierdurch erlaubnispflichtig werden. Das verkompliziert etwaige Verhandlungen und beeinträchtigt die häufig gewünschte strikte Diskretion. Auch ohne solche Klauseln ist der Vermieter aber schon geschützt: soweit durch eine Unternehmensumwandlung Haftungen beschränkt werden (bspw. von einer GbR in eine GmbH), kann der Vermieter nach § 22 UmwG verlangen, daß die Mieter Sicherheit leisten; diese wird nach der Rechtsprechung des BGH regelmäßig einen Umfang von mehreren Jahresmieten haben.

> **§ 22 Umwandlungsgesetz. Gläubigerschutz.**
> (1) Den Gläubigern der an der Verschmelzung beteiligten Rechtsträger ist, wenn sie binnen sechs Monaten nach dem Tag, an dem die Eintragung der Verschmelzung in das Register des Sitzes desjenigen Rechtsträgers, dessen Gläubiger sie sind, nach § 19 Abs. 3 bekannt gemacht worden ist, ihren Anspruch nach Grund und Höhe schriftlich anmelden, Sicherheit zu leisten, soweit sie nicht Befriedigung verlangen können. Dieses Recht steht den Gläubigern jedoch nur zu, wenn sie glaubhaft machen, daß durch die Verschmelzung die Erfüllung ihrer Forderung gefährdet wird. Die Gläubiger sind in der Bekanntmachung der jeweiligen Eintragung auf dieses Recht hinzuweisen.
> (2) Das Recht, Sicherheitsleistung zu verlangen, steht Gläubigern nicht zu, die im Falle der Insolvenz ein Recht auf vorzugsweise Befriedigung aus einer

Deckungsmasse haben, die nach gesetzlicher Vorschrift zu ihrem Schutz errichtet und staatlich überwacht ist.

## 2. Erlaubnis

*a) allgemein*

Die Erlaubnis ist formfrei, kann also mündlich oder stillschweigend erteilt werden, was der sich darauf berufende Mieter freilich beweisen muß. Ist die Erlaubnis allgemein erteilt, bezieht sie sich auf das Ausmaß der Gebrauchsüberlassung gemäß Hauptmietvertrag.

> OLG Hamm 7 U 63/91 vom 10.09.1991
> **Die Vereinbarung in einem Pachtvertrag über ein Hotelgrundstück, wonach der Pächter das Objekt uneingeschränkt weiterverpachten und an Dritte überlassen darf, ist nicht losgelöst von dem Gesamtzusammenhang auszulegen, der Grundlage des Geschäftes ist.**

Eine längere Duldung der Untervermietung (was Kenntnis voraussetzt) kann als Erlaubnis ausgelegt werden, indes nur für die einzelne vertragswidrige Untervermietung, also ohne Wirkung für weitere Untervermietungen in Zukunft.

Da kein Anspruch auf eine Erlaubnis besteht, haben Sie bei der Bestimmung der inhaltlichen Reichweite erheblichen Einfluß. So können Sie sie auf eine bestimmte Person, auf eine bestimmte Zeit oder an weitere inhaltliche Bedingungen (bspw. im Hinblick auf die erlaubte Nutzung durch den Dritten) knüpfen und ferner festhalten, daß sie jederzeit aus wichtigem Grund widerruflich ist (ein unbeschränkter formularvertraglicher Widerrufsvorbehalt wäre unwirksam).

*b) in gewerblichen Mietverträgen*

Die Erlaubnis zur Untervermietung kann bereits im Mietvertrag erteilt oder ausgeschlossen werden. Ein genereller und sicherer Ausschluß der Gebrauchsüberlassung an Dritte ist nur individualvertraglich und in den Grenzen von

Treu und Glauben (§ 242 BGB) möglich; Formularklauseln, die eine Untermiete ausschließen, werden zumindest teilweise für unwirksam gehalten.

Des weiteren kann individualvertraglich das Kündigungsrecht des Mieters ausgeschlossen werden, wenn die Erlaubnis zur Untervermietung verweigert wird. Hier ist darauf zu achten, daß auch das Recht zur Untervermietung individualvertraglich und wirksam ausgeschlossen ist, da andernfalls Klauseln über den Kündigungsausschluß unwirksam sein können.

Ein vollständiger Ausschluß wird den Interessen des Eigentümers allerdings nicht immer am besten gerecht. Das Erfordernis einer bestimmten Zweckvereinbarung (z.B. bei der Mieterstruktur in Gewerbe- und Einkaufszentren) kann auch im Rahmen einer Erlaubnis berücksichtigt und dem Interesse, daß der Mieter das Objekt nicht mit übermäßigem Gewinn Dritten überläßt, kann dadurch Rechnung getragen werden, daß ein adäquater Untermietzuschlag vereinbart wird (bspw. ein Anteil an der Untermiete). Das ist auch formularvertraglich möglich.

Größere Unternehmen behalten sich regelmäßig vor, daß die (zuschlagsfreie) Untermiete an konzernangehörige Firmen unwiderruflich im Vertrag gestattet wird. Das ist unbedenklich.

## 3. Kündigungsrecht bei verweigerter Erlaubnis

Verweigern Sie die Erlaubnis, kann der Mieter unter Einhaltung der gesetzlichen Frist außerordentlich kündigen, sofern nicht in der Person des Dritten ein wichtiger Grund vorliegt. Das kann sowohl bei Wohnraummiete (bei vereinbartem Kündigungsausschluß für einige Jahre) als auch bei Gewerbe (mit regelmäßig vereinbarten festen Laufzeiten) relevant werden.

Sie haben die Erlaubnis verweigert, wenn Sie das ausdrücklich erklären. Lediglich nicht zu antworten steht dem aber gleich, wenn der Mieter den Dritten konkret benennt und Ihnen eine angemessene Frist zur Reaktion setzt. Bei einer abstrakten Anfrage ohne Angabe des Untermieters ist das anders, hier löst Ihr Schweigen keine Rechte aus.

In der Person des Dritten liegt ein wichtiger Grund vor, wenn seine Nutzung gegen Wettbewerbsverbote verstieße oder er „unzuverlässig" ist, wobei die (zu erwartende) Rücksichtnahme auf die Hausgemeinschaft und auf die berechtigten Interessen des Vermieters (keine Überbeanspruchung der Mietsache) maßgebend sind. Seine Zahlungsfähigkeit ist nicht relevant, weil der Mieter Ihnen gegenüber für die Miete haftet - ausgenommen Sie haben eine Betriebspflicht vereinbart. Dann ist bei zahlungsschwachen Untermietern nicht sichergestellt, daß das Gewerbe zuverlässig betrieben wird, d.h. nicht alsbald wieder ausfällt, so daß hier die Solvenz des Untermieters durchaus eine Rolle spielt. Ein wichtiger Grund liegt ferner vor, wenn die Nutzungsart geändert würde (entschieden für den Fall einer Zahnarztpraxis, in der der Untermieter nunmehr eine Kleintierpraxis betreiben wollte) oder der Dritte nicht benannt wurde.

OLG Düsseldorf I-24 U 32/10, 24 U 32/10 vom 01.06.2010
**Ob ein wichtiger Grund zur Verweigerung der Zustimmung zur Untervermietung eines Ladengeschäfts vorliegt, ist im Einzelfall unter Abwägung der Interessen der Vertragsparteien zu beurteilen. Grundsätzlich darf auch ein Untermieter keine Verwendungszwecke verfolgen, die dem Mieter nach dem Inhalt des Hauptmietvertrags nicht gestattet wären. Allerdings muss sich ein Vermieter, der nicht nur die Zustimmung zu einer Untervermietung, sondern auch die zu einer Nutzungsänderung allein bei Vorliegen eines wichtigen Grundes versagen darf, an dieser Gestaltung festhalten lassen und kann nicht erwarten, durch eine Ausdehnung des Begriffs des "wichtigen Grundes" zu Lasten des Mieters nicht Vertragsinhalt gewordene Einschränkungen zu realisieren.**

Für das Entfallen des Kündigungsrechtes wegen wichtigen Grundes sind Sie als Vermieter darlegungs- und beweispflichtig.

Die Kündigung muß nicht auf den ersten zulässigen Termin erklärt werden, aber binnen angemessener Frist, sonst ist das Recht hierauf verwirkt.

## 4. Rechte bei unerlaubter Gebrauchsüberlassung

Ihr mögliches Vorgehen ist vielfältig.

- Zum einen haben Sie einen Anspruch auf Unterlassung, welcher gerichtlich einklagbar ist (§ 541 BGB):

  **§ 541 BGB. Unterlassungsklage bei vertragswidrigem Gebrauch**
  Setzt der Mieter einen vertragswidrigen Gebrauch der Mietsache trotz einer Abmahnung des Vermieters fort, so kann dieser auf Unterlassung klagen.

- Zum anderen können Sie abmahnen und, bei Fortsetzung des abgemahnten Verhaltens, fristlos und/oder fristgemäß kündigen (§ 543 Abs. 2 Nr. 2 iVm. Abs. 3 BGB). Die fristlose Kündigung scheidet aus, wenn der Mieter einen Anspruch auf Erlaubniserteilung nach § 553 BGB hätte; die fristgemäße kann aber u.U. bestehen bleiben.

- Der Mieter haftet für jeden Schaden, der durch den Gebrauch des Dritten entsteht, und zwar auch für Zufall - es sei denn, daß der Schaden auch ohne die Gebrauchsüberlassung an den Dritten eingetreten wäre.

# III. besondere Regeln für Wohnraum

## 1. Reichweite des Mieteranspruchs

Die Voraussetzungen, unter denen der Mieter eine Untermieterlaubnis einfordern kann, sind recht umfangreich und richten sich an dem eingangs dargestellten § 553 BGB aus:

### a) berechtigtes Interesse

Der Mieter muß ein berechtigtes Interesse daran haben. Dafür genügt ein vernünftiger Grund, welcher auf einer Veränderung der wirtschaftlichen, persönlichen oder familiären Verhältnisse des Mieters beruhen kann, wie bspw.

- Verkleinerung der Familie durch Tod,
- durch Auszug,
- andererseits Aufnahme der Eltern,
- gesunkenes Einkommen,
- die Aufnahme eines Lebensgefährten zur Bildung oder Fortführung eines auf Dauer angelegten gemeinsamen Haushalts,
- der Auszug eines Mitmieters oder
- der Wunsch, eine Wohngemeinschaft mit Dritten zu bilden.

Ob die Absicht einer wirtschaftlichen Verwertung bei vorübergehender, aber längerer Abwesenheit ausreicht, ist dagegen nicht unumstritten (bejaht vom Landgericht Berlin - etwa durch Urt. v. 22.04.1994 - 63 S 37/94 -, verneint vom Landgericht Mannheim, Urt. v. 30.04.1997 - 4 S 142/96). Ebenso ist streitig, ob die Wohnung Lebensmittelpunkt des Mieters bleiben muß.

Der Mieter hat die tatsächlichen Umstände, die sein Interesse begründen, darzulegen. Solange er dem nicht hinreichend nachgekommen ist, kann er die Erlaubniserteilung nicht verlangen.

*b) nach Abschluß des Mietvertrags*

Das berechtigte Interesse muß nach Abschluß des Mietvertrags entstanden sein, ein anfängliches Interesse genügt also nicht. Hierunter fallen solche Konstellationen, in denen der Mieter bei Vertragsabschluß unter Aufnahme der Gründe widerruflich eine Untermieterlaubnis erhalten hat und diese Erlaubnis später - z.b. anläßlich des Auszugs des Mitbewohners - erloschen ist oder vom Vermieter widerrufen wird. Sind die Gründe für die Aufnahme eines Dritten unverändert, ist das kein nachträglich entstandenes Interesse, so daß ein Anspruch nach § 553 BGB ausscheidet.

*c) einen Teil des Wohnraums*

Der Mieter kann nicht verlangen, daß Sie ihm die Gebrauchsüberlassung der gesamten Wohnung gestatten, sondern nur eines Teils hiervon. Insbesondere in den Fällen, in denen der Mieter längere Zeit auslandsabwesend ist, liegt nahe, daß der gesamte Wohnraum überlassen werden soll. Es ist allerdings schwierig zu überprüfen, ob der Mieter nur z.B. eins von zwei Zimmern überlassen hat oder eben doch beide.
einem Dritten

§ 553 BGB setzt für die Erlaubnis voraus, dass „einem Dritten" ein Teil des Wohnraums überlassen wird. Das ist zu verstehen im Sinne von „einem bestimmten Dritten". Der Mieter muß den Dritten so bezeichnen, daß Sie prüfen können, ob ein wichtiger Grund vorliegt, der gegen die Erlaubniserteilung spricht. Hierzu gehört die namentliche Benennung sowie u.E. ferner die Information über den sozialen Status (Ausbildung, Beruf, Herkunft) und die Dauer des beabsichtigten Gebrauchs. Reichen diese Informationen nicht aus, um das Vorliegen eines wichtigen Grundes zu prüfen, so können Sie des weiteren verlangen, daß sich der Dritte Ihnen persönlich vorstellt. Insbesondere für private Vermieter kann ein solches Gespräch erhebliche Relevanz aufweisen, auch wenn solche Vorgehensweise häufig kritisch als „Bemusterung" zurückgewiesen werden.

## 2. Zumutbarkeit der Erlaubniserteilung

Das Gesetz nennt drei Kategorien von Gründen, aus denen Sie die Erlaubnis verweigern können: a) den wichtigen Grund in der Person des Dritten, b) die übermäßige Belegung des Wohnraums bzw. des zu überlassenden Teils des Wohnraums und c) sonstige Gründe. Letzteres ist z.B dann gegeben, wenn Sie durch die Gebrauchsüberlassung unzumutbar belastet würden, weil der Hauptmietvertrag alsbald endet. Da der Untermieter selbständig Besitz erwirbt, wäre bei nicht freiwilliger Herausgabe ein zusätzlicher Räumungstitel gegen ihn erforderlich. Befinden sich die Mieträume in der Vermieterwohnung, kann ebenfalls ein sonstiger Grund vorliegen.

Für die Feststellung einer Überbelegung gibt es keine allgemeingültigen Kriterien. In erster Linie ist das Verhältnis der Anzahl der Zimmer und ihrer Größe zur Anzahl der Bewohner maßgebend. Als Faustregel kann gelten, daß keine Überbelegung vorliegt, wenn auf jede erwachsene Person oder je zwei Kinder bis zum 13. Lebensjahr ein Raum von jeweils ca. 12 qm entfällt. Soweit Bundesländer Wohnungsaufsichtsgesetze erlassen haben, in denen hinsichtlich der Wohnungsgröße Mindestanforderungen festgelegt worden sind, kann das ebenso berücksichtigt werden. In Berlin ist das in § 7 des Gesetzes zur Beseitigung von Wohnungsmißständen (WoAufsG Bln) geregelt:

### § 7 WoAufsG Bln. Belegung.

(1) Wohnungen dürfen nur überlassen oder benutzt werden, wenn für jede Person eine Wohnfläche von mindestens 9 qm, für jedes Kind bis zu sechs Jahren eine Wohnfläche von mindestens 6 qm vorhanden ist.

(2) Einzelne Wohnräume dürfen nur überlassen oder benutzt werden, wenn für jede Person eine Wohnfläche von mindestens 6 qm für jedes Kind bis zu sechs Jahren eine Wohnfläche von mindestens 4 qm vorhanden ist und Nebenräume zur Mitbenutzung zur Verfügung stehen. Stehen Nebenräume nicht oder offensichtlich nicht ausreichend zur Verfügung, gilt Absatz 1 entsprechend.

(3) Die zuständige Behörde kann von dem Verfügungsberechtigten oder den Bewohnern die Räumung überbelegter Wohnungen oder Wohnräume verlangen. Dabei sollen der Zeitpunkt des Einzuges sowie die besonderen persönlichen und familiären Verhältnisse berücksichtigt werden. Wohnungen oder Wohnräume sind im Sinne des Satzes 1 überbelegt, wenn ihre Wohnfläche die im Zeitpunkt des Räumungsverlangens nach den Absätzen 1 oder 2 geltenden Maße nicht erreicht.

## Überbelegung wurde bejaht bei

| Wohnungsgröße | Erwachsene | Kinder | Urteil |
|---|---|---|---|
| 30 qm (1 Zi, Küche, Diele Bad) | 2 | 3 von 7 - 14 Jahre | BGH, Rechtsentscheid v. 14.07.1993 Az. VIII ARZ 1/93 |
| 70 qm (4 Zi) | 4 | 3 | BVerfG, Kammerbeschluss v. 18.10.1993 Az. 1 BvR 1335/93 |
| 57 qm | 2 | 6 | OLG Hamm, Rechtsentscheid in Mietsachen vom 06.10.1982 zum Az. 4 REMiet 13/81 |
| 54 qm (2 Zi) | 2 | 6 | OLG Karlsruhe, Rechtsentscheid in Mietsachen vom 16.03.1987 zum Az. 3 ReMiet 1/87 |
| 25 qm Apartment | 2 | 1 | BayObLG, Rechtsentscheid in Mietsachen vom 14.09.1983 zum Az. ReMiet 8/82 |
| 49 qm | 7 | | LG Mönchengladbach, Urt. v. 07.12.1990 Az. 2 S 254/90 |
| 61 qm (3 Zi) | 2 | 7 | AG Duisburg, Urt. v. 19.02.1990 Az. 5 C 707/89 |
| 40 qm (1 Zi) | 2 | 3 | AG Neukölln, Urt. v. 18.04.1988 Az. 10 C 40/88 |

## Überbelegung wurde dagegen verneint bei

| Wohnungsgröße | Erwachsene | Kinder | |
|---|---|---|---|
| 33 qm (1 Zi) | 3 | 1 | LG Darmstadt, Urt. v. 30.01.1987 Az. 17 S 447/86 |
| 20 qm (2 Zi) | 2 | 1 | LG Köln, Urt. v. 26.11.1981 Az. 1 S 234/80 |
| 63 qm | 7 | | LG Berlin, Urt. v. 12.10.1985 Az. 64 S 137/85 |
| 96 qm (5 Zi) | 7 | | LG Kempten, Urt. v. 26.07.1995 Az. 5 S 1276/95 |
| 78 qm | 7 | | BGH, Rechtsentscheid in Mietsachen vom 03.10.1984 zum Az. VIII ARZ 2/84 |

Sie müssen die Gründe für die Verweigerung einer Erlaubnis nicht von sich aus mitteilen, wohl aber auf Verlangen des Mieters. Denn dieser braucht die Information zur Beurteilung der Erfolgsaussichten einer Klage. Haben Sie die Ablehnungsgründe mitgeteilt, müssen Sie sich daran festhalten lassen, d.h. das Nachschieben von Gründen ist nur noch möglich, wenn diese nachträglich aufgetreten sind oder von Ihnen unverschuldet nicht berücksichtigt werden konnten.

Schließlich liegt ein sonstiger Grund vor, wenn Sie eine angemessene Mieterhöhung verlangen und der Mieter das ablehnt.

# IV. Untermietzuschlag

## 1. Wohnraummiete

Hinsichtlich der Wohnraummiete ist der Anspruch auf einen Untermietzuschlag im Gesetz geregelt, und zwar im eingangs aufgeführten § 553 Abs. 2 BGB (s.o. Seite 5).

*a) Sinn und Zweck der Regelung*

Hintergrund der Regelung ist nicht etwa die Einräumung eines bloßen (Mietzins-) Zuschlags. Vielmehr geht es um eine Vertragsanpassung, weil der Mietgebrauchs des (Haupt-)Mieters erweitert wird. Die Regelung ist damit eine Fortführung des Äquivalenzgedankens im Rahmen der Gebrauchsmöglichkeit gegen Entgelt.

*b) Zustandekommen des Zuschlags*

Der Zuschlag kann nicht einseitig von Ihnen herbeigeführt werden; er ist mit dem Mieter zu vereinbaren! Folglich muss auch der Mieter mit einer Erhöhung einverstanden sein. Dabei haben Sie keinen Anspruch auf Zustimmung zur Erhöhung. Sie können lediglich die Erlaubnis zur Untervermietung verweigern, sofern der Mieter eine Mieterhöhung zu Unrecht ablehnt.

*c) Voraussetzungen der Erhöhung*

Die Möglichkeit der Mieterhöhung hängt davon ab, ob Sie durch die Aufnahme des Dritten vermehrt belastet werden. Die Mietsache könnte etwa merklich mehr abgenutzt werden. Regelmäßig erhöht sich auch die Belastung durch Betriebskosten, jedenfalls hinsichtlich der verbrauchsabhängigen Kosten.

*d) die Höhe des Zuschlags*

Viel entscheidender ist aber die Frage der Höhe des Zuschlages. Denn dieser ist begrenzt auf einen „angemessenen" Betrag.

Bei <u>preisgebundenem Wohnraum</u> bestimmt die Verordnung über die Ermittlung der zulässigen Miete für preisgebundene Wohnungen (NMV) in § 26 Abs. 3 was angemessen ist:

**§ 26 NMV. Zuschläge neben der Einzelmiete.**

...

(3) Wird Wohnraum untervermietet oder in sonstiger Weise einem Dritten zur selbständigen Benutzung überlassen, so darf der Vermieter einen Untermietzuschlag erheben in Höhe von 2,50 Euro monatlich, wenn der untervermietete Wohnungsteil von einer Person benutzt wird, in Höhe von 5 Euro monatlich, wenn der untervermietete Wohnungsteil von zwei und mehr Personen benutzt wird.

Die Höhe dieser Zuschläge ist in <u>preisfreiem Wohnraum</u> unrealistisch. Dort sind zwei Grundfälle zu unterscheiden.

1. Benutzt der Dritte die Wohnung neben dem Mieter mit, wie dies etwa bei nichtehelichen Lebensgemeinschaften etc. der Fall ist, so soll es der Üblichkeit entsprechen, wenn sich der Mieter verpflichtet, diejenigen Betriebskosten zu tragen, die durch die Aufnahme des Dritten zusätzlich entstehen. Eine Erhöhung der Grundmiete soll hingegen nicht angemessen sein, weil – so die Rechtsprechung – es zwischen den Mietpreisen für Ehewohnungen und den Preisen für Wohnungen nicht ehelicher Lebensgemeinschaften keinen Unterschied gibt.

2. Eine Erhöhung der Grundmiete kommt allerdings in den Fällen echter Untervermietung in Betracht, wenn der Hauptmieter selbst nicht die untervermieteten Räumlichkeiten nutzt (dann gibt es auch keinen Anspruch auf Zustimmung, s.o.). Hier wird als üblich und angemessen angesehen, dass der Vermieter an dem Untermietzins partizipiert. Eine Erhöhung um einen Betrag in Höhe von 20% des Untermietzinses wird als Regelfall gesehen.

Eine Erhöhung scheidet allerdings gänzlich aus, wenn bereits im Mietvertrag selbst geregelt ist, dass der Mieter zur Überlassung des Gebrauchs an einen Dritten berechtigt ist.

*e) Folgen der Erhöhung/Mietzinsänderung*

Durch die Erhöhungsvereinbarung wird die ursprüngliche Mietzinsvereinbarung abgeändert. Daher ist etwa bei folgenden Mieterhöhungen die Kappungsgrenze aus der abgeänderten Gesamtmiete zu errechnen. Führt die Erhöhung daher zu einer Miete, welche die ortsübliche Miete bereits erreicht bzw. überschritten hat, scheidet eine weitere Mieterhöhung gem. § 558 BGB (Mieterhöhung bis zur ortsüblichen Vergleichsmiete) aus. Daher weisen viele Verwaltungen den Untermietzuschlag gesondert aus und errechnen die Kappungsgrenze aus der um den Zuschlag bereinigten Miete.

Formal gesehen ist die Aufnahme des Zuschlags in die Nettokaltmiete unbedenklich. Denn die ortsübliche Vergleichsmiete für Wohnungen mit Untermieterlaubnis kann durchaus höher liegen als für Wohnungen ohne Erlaubnis. Da das nicht im Mietspiegel ausgewiesen ist, wird man sich im Zweifel allerdings mit Vergleichswohnungen oder Sachverständigen aushelfen müssen.

*f) Dauer der Mieterhöhung*

Nach der gesetzlichen Regelung hat die Beendigung der Gebrauchsüberlassung auf die Höhe des Mietpreises keinen Einfluss. Endet also das Untermietverhältnis und gebraucht der Hauptmieter fortan die Mietsache wieder alleine, hat er trotzdem die erhöhte Miete zu leisten.

Etwas anderes gilt aber dann, wenn die Parteien abweichendes vereinbart haben. Denn es steht Ihnen frei, eine sog. auflösende Bedingung für die Erhöhung zu vereinbaren. In einem solchen Fall fällt die Erhöhung zu dem Zeitpunkt weg, zu dem die Gebrauchsüberlassung endet. Fortan schuldet der Mieter dann eine Miete, die um den Erhöhungsfaktor reduziert ist. Hierbei ist Vorsicht geboten. Denn eine solche Vereinbarung kann auch stillschweigend (!) zustande kommen. Wird etwa die Erhöhung als „Untermietzuschlag" bezeichnet, soll durch diese Begriffsverwendung der Parteiwille zum Ausdruck kommen, dass das erhöhte Entgelt nur für die Zeit der Untermiete zu leisten ist.

## 21

## 2. Gewerberaummiete

Auch bei der Gewerberaummiete besteht die Möglichkeit eines Erhöhungszuschlages. Allerdings fußt diese nicht auf einer unmittelbaren gesetzlichen Regelung, weil § 553 BGB nicht auf die Gewerberaummiete anwendbar ist.

*a) Sinn und Zweck*

Gleichwohl ist eine Vereinbarung über einen Untermietzuschlag – auch formularvertraglich – zulässig. Ähnlich dem Wohnraummietrecht liegt sein Sinn und Zweck in der Aufrechterhaltung des Verhältnisses zwischen der Entgelthöhe und dem Umfang der Gebrauchsgestattung. Darf der Mieter die Sache in erweitertem Umfang nutzen, soll er eine höhere Miete zahlen.

*b) Zustandekommen und Voraussetzungen*

Der Erhöhungszuschlag bedarf einer entsprechenden Vereinbarung zwischen Vermieter und Mieter. Die Grundlagen hierzu müssen nicht erst im Bedarfsfall geregelt werden. Sie können durchaus bereits bei Beginn des Mietverhältnisses vereinbart werden. So wird gerade bei verbundenen Unternehmen häufig bestimmt, dass eine Untervermietung an ein Konzernunternehmen eine Untervermietung zuschlagsfrei möglich ist.

*c) Höhe des Zuschlags*

Wie sooft in der Gewerberaummiete sind Sie in den Gestaltungsmöglichkeiten freier als in der Wohnraummiete. Das ist bei der Höhe des Zuschlags nicht anders.

Üblich sind z.B. vertragliche Regelungen, wonach eine eventuelle positive Differenz zur im Hauptmietvertrag vereinbarten Miete prozentual zwischen Vermieter und Hauptmieter geteilt wird. Ein Abschöpfen des Vermieters in Höhe von bis zu 20% wird dabei durchaus als zulässig erachtet. Zudem können Sie einer negativen Differenz zwischen vereinbarter Hauptmiete und Untermiete vorbeugen, indem vertraglich die Untervermietung zu einem Mietzins unterhalb der Miete im Hauptmietverhältnis ausgeschlossen wird. Ein Mieter wird einer solchen Regelung nicht unbedingt positiv

gegenüberstehen, weil ihm in Zeiten eines Mietpreisverfalls faktisch die Untermiete versagt ist - was ihn umso mehr treffen kann, weil die Untermiete in Zeiten wirtschaftlichen Abschwungs fast der einzige Ausweg aus der (Mietzins-) Zahlungsunfähigkeit sein kann. Sie sollten daher gerade bei langfristigen Mietverhältnissen überlegen, ob Sie die Beweglichkeit Ihres Mieters derart begrenzen möchten, da ihnen ein wirtschaftlich angeschlagener Mieter wenig nutzen wird.

Auch wenn bei der Gewerberaummiete eine Erhöhung der Miete auf die ortsübliche Vergleichsmiete nicht durch gesetzliche Regelungen eröffnet ist – § 558 BGB ist auf die Gewerberaummiete nicht anwendbar –, so beeinflusst eine Zuschlagsvereinbarung dennoch eventuell vereinbarte Mietzinsanpassungsklauseln, wie etwa sog. Indexklauseln. Für deren Mechanismus ist ab dem Zeitpunkt der Erhöhung die erhöhte Miete maßgeblich.

*d) Folgen und Dauer*

Zur Dauer der Erhöhung gilt das zur Wohnraummiete gesagte entsprechend. Ohne besondere Vereinbarung der Parteien bleibt die Miete auch nach Ende der Gebrauchsüberlassung erhöht. Freilich können die Parteien hiervon (auch stillschweigend) abweichende Vereinbarungen treffen.

## 3. Exkurs: Ersatzmieterstellung im Gewerberaummietrecht

*a) Sinn und Zweck*

Da Gewerberaummietverhältnisse häufig eine lange Laufzeit aufweisen und der Mieter nicht von vorneherein abzuschätzen vermag, ob er die Mietsache über die gesamte Laufzeit wirtschaftlich sinnvoll, gesundheitlich, geschäftspolitisch etc. nutzen kann, liegt es oft in seinem Interesse, Ausstiegsregelungen im Mietvertrag zu vereinbaren, die ihn vom wirtschaftlichen Risiko der Mietzahlung entlasten.

Eine gern gewählte Möglichkeit ist dabei die Untermiete. Der Mieter bleibt gegenüber dem Vermieter Hauptmieter. Er überlässt jedoch die Mietsache bzw. Teile hiervon Dritten zum Gebrauch, die ihm hierfür Untermiete zahlen.

## 23

Noch vorzugswürdiger aus Sicht des Mieters ist aber die Lösung vom Vertrag durch Stellen eines Ersatzmieters. Hierbei wird der Mieter aus dem Mietverhältnis entlassen, wenn ein Ersatzmieter an die Stelle des Mieters in den Mietvertrag eintritt. Der Mieter ist nicht länger Mietpartei und der neue Nutzer wird Vertragspartner des Vermieters.

*b) allgemeine rechtliche Grundsätze*

Das Recht auf Stellen eines Ersatzmieters kann auch ohne entsprechende vertragliche Regelung aus allgemeinen rechtlichen Grundsätzen folgen.

Die Rechtsentwicklung lässt dabei mehrere Voraussetzungen erkennen: Der Mieter muss ein das Fortsetzungsinteresse des Vermieters erheblich übersteigendes Interesse an der Vertragsbeendigung bzw. Übertragung auf einen Dritten haben. Das Festhalten am Vertrag muss für den Mieter eine merkliche Härte bedeuten. Zudem muss der gestellte Ersatzmieter für den Vermieter akzeptabel sein. Auch darf der zum Ausstieg führende Grund nicht bewusst herbeigeführt worden sein und auch nicht aus dem Risikobereich des Mieters stammen. Letzteres ist jedoch bei wirtschaftlichem Misserfolg stets der Fall, womit der absolute Hauptgrund für einen Ausstieg nicht zu einem Ausstieg führen kann. Im Regelfall wird also der Mieter ohne entsprechende vertragliche Regelung nicht aus dem Mietvertrag herauskommen.

*c) vertragliche Regelungen*

Zu unterscheiden sind zwei Arten einer Ersatzmieterklausel.

1. Zum einen kann diese als unechte Ersatzmieterklausel ausgestaltet werden. Hierbei erlangt der Mieter ein Recht zum Ausstieg aus dem Vertrag, wenn er dem Vermieter eine vertraglich vereinbarte Anzahl an wirtschaftlich und persönlich zuverlässigen Ersatzmietern vorschlägt, die bereit sind, in den Mietvertrag für die restliche Laufzeit einzutreten. Der Vermieter muss keinen dieser Mieter akzeptieren, bei Erreichen der Anzahl an vorgeschlagenen Ersatzmietern muss er den Mieter aber dennoch aus dem Vertrag entlassen.

2. Zum anderen besteht die Möglichkeit einer echten Ersatzmieterklausel. Hier hat der Mieter einen Anspruch (!) darauf, dass der von ihm benannte akzeptable neue Mieter in den Vertrag einrückt.

Hier ist für den Vermieter Vorsicht geboten! Denn im Falle der Ablehnung eines Ersatzmieters drohen neben Klage auf Zustimmung Schadensersatzansprüche, die nicht unerheblich sein können, zumal wenn Abstandszahlungen zwischen altem und neuem Mieter im Raum standen oder wenn ein Unternehmensverkauf oder Ähnliches an der fehlenden Vereinbarung scheitert.

Seitens des Vermieters sollte bei einer echten Ersatzmieterklausel darauf geachtet werden, dass der alte Mieter bis zum Ende der ursprünglichen Laufzeit eine Schuldmitübernahme im Umfang des bisherigen Mietzinses (eine darüber hinausgehende Verpflichtung ist wohl unzulässig) eingeht. Eine solche Verpflichtung bedarf zwar der Schriftform. Allerdings ist eine formularvertragliche Ausgestaltung zulässig.

Für beide Arten der Ersatzmieterklausel gilt das sensible Feld der Schriftform zu beachten. Sowohl der Mieteintrittsvertrag des neuen Mieters als auch der Mietaustrittsvertrag des bisherigen Mieters bedürfen der Schriftform. Allerdings soll es hierfür ausreichen, dass ein Vertrag entweder zwischen Vermieter und Altmieter oder zwischen Alt- und Neumieter oder zwischen Vermieter und Neumieter in Schriftform vorliegt und der Dritte dem Mietein- und –austritt mündlich oder gar konkludent zustimmt.

Abschließend bleibt festzuhalten, dass eine solche Ersatzmieterregelung freilich zuvorderst im Interesse eines Mieters liegt. Aber auch für einen Vermieter kann die Aufnahme einer entsprechenden Regelung Vorteile bringen. Denn ein zur Fortführung des Mietverhältnisses unwilliger Mieter kann nicht unbedingt im Interesse des Vermieters liegen, zumal wenn den Mieter eine vereinbarte Betriebspflicht trifft. Daher ist es vorzugswürdig, wenn der Vermieter im Vorfeld die Möglichkeit entsprechender vertraglicher Gestaltung nutzt.